Zhongguo Wenhua
Zhishi Duben

中国文化知识读本

塔尔寺

吉林出版集团有限责任公司
吉林文史出版社

主编 金开诚

编著 喻淑珊

图书在版编目（CIP）数据

塔尔寺 / 喻淑珊编著 .一长春：吉林出版集团有
限责任公司：吉林文史出版社，2010.4（2022.1重印）
（中国文化知识读本）
ISBN 978-7-5463-2913-0

Ⅰ.①塔… Ⅱ.①喻… Ⅲ.①塔尔寺 – 简介 Ⅳ.
① K928.75

中国版本图书馆 CIP 数据核字（2010）第 073035 号

塔尔寺

TA ER SI

主编/ 金开诚 编著/喻淑珊
责任编辑/曹恒　崔博华 责任校对/王新
装帧设计/曹恒 摄影/金诚 图片整理/董昕瑜
出版发行/吉林文史出版社 吉林出版集团有限责任公司
地址/长春市人民大街4646号 邮编/130021
电话/0431-86037503 传真/0431-86037589
印刷/三河市金兆印刷装订有限公司
版次/2010 年 4 月第 1 版 2022 年 1 月第 5 次印刷
开本/650mm×960mm 1/16
印张/8 字数/30千
书号/ISBN 978-7-5463-2913-0
定价/34.80元

关于《中国文化知识读本》

  文化是一种社会现象，是人类物质文明和精神文明有机融合的产物；同时又是一种历史现象，是社会的历史沉积。当今世界，随着经济全球化进程的加快，人们也越来越重视本民族的文化。我们只有加强对本民族文化的继承和创新，才能更好地弘扬民族精神，增强民族凝聚力。历史经验告诉我们，任何一个民族要想屹立于世界民族之林，必须具有自尊、自信、自强的民族意识。文化是维系一个民族生存和发展的强大动力。一个民族的存在依赖文化，文化的解体就是一个民族的消亡。

  随着我国综合国力的日益强大，广大民众对重塑民族自尊心和自豪感的愿望日益迫切。作为民族大家庭中的一员，将源远流长、博大精深的中国文化继承并传播给广大群众，特别是青年一代，是我们出版人义不容辞的责任。

  《中国文化知识读本》是由吉林出版集团有限责任公司和吉林文史出版社组织国内知名专家学者编写的一套旨在传播中华五千年优秀传统文化，提高全民文化修养的大型知识读本。该书在深入挖掘和整理中华优秀传统文化成果的同时，结合社会发展，注入了时代精神。书中优美生动的文字、简明通俗的语言、图文并茂的形式，把中国文化中的物态文化、制度文化、行为文化、精神文化等知识要点全面展示给读者。点点滴滴的文化知识仿佛繁星，组成了灿烂辉煌的中国文化的天穹。

  希望本书能为弘扬中华五千年优秀传统文化、增强各民族团结、构建社会主义和谐社会尽一份绵薄之力，也坚信我们的中华民族一定能够早日实现伟大复兴！

目录

一 先塔后寺的恢弘寺院

（一）宗喀巴大师建塔传说

　　古时候，宗喀莲花山是森林茂密、水草丰美的天然牧场。牛羊肥壮，骡马成群。以牧为生的牧民们顺着春夏秋冬不同的季节，依水草而居，以季节而迁。宗喀巴的父亲鲁崩格是格萨尔王手下的一员大将，后来到苏尔吉村与香萨阿切相识并成亲，鲁崩格就成了从外村来的招女婿。宗喀巴的母亲生了六个孩子，宗喀巴排行老四。宗喀巴长大出家后，在苏尔吉村就剩下他的母亲和姐姐了，据传现在苏尔吉村的先人们就是宗喀巴姐姐的后代。所以，苏尔

塔尔寺是青海省藏传佛教的第一大寺院

塔尔寺

塔尔寺是藏区黄教六大寺院之一

吉就成了宗喀巴母亲和姐姐的娘家人。

　　藏历土羊年（1379 年），宗喀巴大师的母亲以菩提树为核心，建成了莲聚塔；尔后，藏历金猴年（1560 年），高僧仁钦宗哲坚赞又在莲聚塔的左侧建成了弥勒佛殿。殿即寺，因为先有塔，而后有寺，故名塔尔寺。

　　塔尔寺是藏传佛教格鲁派的创始人宗喀巴大师（1357—1419 年）的降生地，罗桑扎巴是受沙弥戒时的名称。宗喀巴大师生于宗喀的一个佛教家庭，父亲名叫达尔喀且鲁崩格，母亲名叫香萨阿切，两个人都是虔诚的佛教徒。因藏语称湟中（今塔尔寺所在地一带）为"宗喀"，故也被尊称为宗喀巴。

宗喀巴大师早年学经于夏琼寺。宗喀巴3岁时，正好噶玛噶举派黑帽系第四世活佛若白多杰受元顺帝召请进京途中路过青海，宗喀巴的父亲就带他到夏宗寺和若白多杰相见，若白多杰给宗喀巴授了近事戒。宗喀巴7岁时，被家人送到夏琼寺，宗喀巴向端智仁钦学习了九年佛法，在佛学和文化知识方面打下了比较坚实的基础。16岁去西藏深造，离开夏琼寺前往卫藏学法，宗喀巴到卫藏后，先后从采巴·贡塘学习医方明，从仁钦南加译师和萨桑玛德班钦学习声明学，从南喀桑布译师学习诗词

青海是藏传佛教黄教创始人宗喀巴的诞生地

塔尔寺

学等。之后来到后藏的萨迦寺，从著名学者仁达哇·循努洛哲学习《中观论》《因明论》《般若经》等。又从觉莫隆学习《律经》，从依洛扎南喀坚赞学习噶当派教程，从布敦·仁钦朱的弟子松巴德钦却吉贝学习"密宗时轮"。他对佛教的重要理论和各教派的教法都反复钻研，因天性聪颖，一学即悟，融会贯通，进益颇捷。

1386年，29岁的宗喀巴在雅隆地区的南杰拉康寺，从楚臣仁钦受比丘戒。大约从土龙年(1388年)开始，他改戴黄色桃形僧帽，表示他继承喀且班钦·释迦室利(印度大师)所传说的戒律，并严格遵行的决心。改革西藏佛教，创立格鲁派(黄教)，成为一代宗师。"格鲁"

塔尔寺得名于寺中大金瓦殿内纪念宗喀巴的大金塔

先塔后寺的恢弘寺院

塔尔寺一景

意为"善规"。宗喀巴成名后，有许多有关他灵迹的传说。相传，菩提树是一种圣树，在我国特别是在西部根本不能成活。然而神灵却偏能让它在鲁沙尔镇的莲花山坳中繁茂地生长，据说藏传佛教中文殊菩萨的化身宗喀巴大师诞生时，在他诞生后剪脐带滴血的地方长出一株白旃檀树。树根向四方延伸，好像人之四肢向四方展开；夏秋两季叶小花白、清香扑鼻；树叶脉纹自然显现狮子吼佛像的图案。树上的十万片叶子都是这样的形状和图案！"衮本"（十万身像）的名称即源于此。有的佛典中说，佛教在世多久，该树就在世多久。

宗喀巴去西藏六年后，其母香萨阿切盼儿心切，每天背水时就在一块青色的磐石上翘首盼望，在心里默默为儿子祈祷祝福。后来寺僧将这块石头当做一种降福的圣物，供奉在祁寿殿花寺的菩提树下。后来，她让人捎去一束白发和一封信，信中说："母亲年事已高，且身体欠佳，非常思念你，希望能够回家见母亲一面。"并且说："在你出生的地方长出一棵菩提树，长势喜人。"就是要宗喀巴回家一晤。宗喀巴接到母亲的信后，自己当然思念亲人和遥远的故乡，但是为了

宗喀巴逐渐完善了一套属于自己的寺院宗教组织

先塔后寺的恢弘寺院

学佛而决意不返，给母亲和姐姐各捎去他本人的自画像和狮子吼佛像一幅，信中说："若能在我出生的地点用十万狮子吼佛像和菩提树（指宗喀巴出生处的那株白旃檀树)修建一座佛塔，就如与我见上一面一样，并且对那里的佛教兴盛大有好处。"第二年，明洪武十二年 (1379 年)，宗喀巴母亲香萨阿切按儿子来信所示，与当地的头人和信徒共同商议建塔的事情。在信徒们的帮助下，以这株旃檀树和宗喀巴所寄狮子吼佛像为胎藏，砌石建塔，这是塔尔寺最早的建筑，取名"莲聚塔"。莲聚塔是依据释迦牟尼诞生后向四面各行走七步，每步开一朵莲花的传说而建。后来，该塔一再重

塔尔寺广场上的石柱

塔尔寺

新修建，并屡次更名，成为现在大金瓦殿中的大银塔，是全寺的主供神物，汉语塔尔寺就是由此塔而得名的。后来建起了一座殿，覆盖住塔身，以保护这个珍贵的佛塔建筑。

宗喀巴经过长期的苦学精修后，创建出一整套正确的学佛体系，教导弟子遵从。诸如要注重修行次第，先显后密，显密并重，僧人要"敬重戒律""提倡苦行"，僧人要断绝与世俗的联系和结合，不娶妻、禁饮酒、戒杀生等等。"令一切随从弟子，日日体察自身有犯无犯，倘有误犯，当疾还净。"

他在信徒们的支持下建塔，此后180年中，此塔虽多次改建维修，但一直未形成寺院。明嘉靖三十九年（1560 年），禅师仁钦宗哲坚赞于塔侧倡建静房一座修禅。17 年后的万历五年（1577 年），复于塔之南侧建造弥勒殿。至此，塔尔寺已初具规模。万历十年（1582 年）第三世达赖喇嘛索南嘉措第二次来青海，翌年春，由当地申中昂索从措卡请至塔尔寺。三世达赖向仁钦宗哲坚赞及当地申中、西纳、祁家、龙本、米纳等藏族部落昂索指示扩建塔尔寺，赐赠供奉佛像，并进行各种建寺仪式。从此，塔尔寺发展很快，先后建成达赖行宫、三世达赖灵塔殿、九间殿、依怙殿、释迦殿等。

塔尔寺入口

塔尔寺

塔尔寺建筑保留了自己独特的风格

经四世达赖指示,万历四十年(1612年)正月,正式建立显宗学院, 讲经开法, 标志着塔尔寺成为格鲁派的正规寺院。

塔尔寺作为一个中外闻名的佛教古寺院, 整体建筑是以藏式建筑为主, 最终形成了塔尔寺的独特风格。寺院依照地理环境而建, 没有特定的空间布局和中轴线, 顺延着纵向延伸。为了体现佛教的"三界"而采用高低布局。

塔尔寺是先有塔，后有寺

（二）禅师建静房修禅

随着格鲁派势力的发展、僧侣的增加，这座修建刚十七年的禅堂已不适应佛事活动的需要。明嘉靖三十九年（1560年），佛学高僧贡巴·仁钦宗哲坚赞在山南沟内建一禅堂，供僧人诵经修行。十七年后，仁钦宗哲坚赞按照梦中对弥勒佛的许多悬记，于明万历五年（1577年），在今弥勒佛殿处修建了一座明制汉式宫殿。殿内正中用药泥塑造了一尊弥勒佛12岁身量的镀金坐像，佛像高达5米，造型优美，又金光灿灿，犹如铜制镏金佛像一般。内脏装有如来舍利子、增殖舍利（又称舍利母）、阿底峡大师灵骨灰、班钦·释迦室利等大师的萨像和额骨，印度、尼泊尔等地塑造的释迦牟尼小铜像及藏语称"查查"的泥塑小佛像等稀有加持物。故将该殿称弥勒佛殿，藏语称"贤康"。塔尔寺初具规模，取藏"衮本贤巴林"，意为"十万佛身像弥勒洲寺"。万历五年(1577年)，大禅师仁钦宗哲坚赞等在原莲聚塔前修建小禅寺一座，这时"只有七僧"，之后发展为"十人、五十人、百人、几千人"。

为塔尔寺第一座佛、法、僧俱全的佛殿。因先建聚莲宝塔，后建弥勒佛殿，即先有塔、后有寺，安多农业区汉语中将二者合而为一称为"塔尔寺"。

塔尔寺由此正式形成一个寺院。

400多年来，塔尔寺逐步发展成一座具有鲜明民族特色和地方风格的古建筑群，全寺占地600余亩，僧舍房屋9300多间，殿堂52座，僧人最多时达3600余人。

（三）显宗学院的建立和塔尔寺的主要系统

1. 塔尔寺的四大学院

塔尔寺不仅是藏传佛教的圣地，而且

塔尔寺石象

塔尔寺

塔尔寺是培养藏族知识
分子的高级学府之一

是造就大批藏族知识分子的高级学府之一，到藏传佛教最后一个格鲁派时期，吸收了各教派的不同办学特点，同时发展了自身的寺院教育思想，形成了比较完善的寺院教育体系和制度。寺内设有显宗、密宗、天文、医学四大学院。在这些学府，学僧注重按宗喀巴大师所创先显宗、后密法，先生起次第、后圆满次第的程序，修习、讲闻经、律、论三藏佛典，修持戒、定、慧三学，学习各科文化，培养了不少名僧。塔尔寺后来设立的巴尔康即印经院，是传统文化的出版、印刷机构，至今木刻长短印版 598 种、45792 块，使得藏文化得以广泛流传。

先塔后寺的恢弘寺院

显宗学院即参尼扎仓，受四世达赖·云丹嘉措之命，于1612年二世郭瓦却杰·俄赛嘉措任首代总法台后始建"吉祥讲修院"，共七个班级，是为僧人习修因明、中观哲学、般若、俱舍、戒律五部大论的学院。现分12个班级，完成学业共需18年，成绩优异者可报考获取"朗色""然江巴"及"噶居巴"等学位。显宗学院的学僧集体诵经，听讲经、晨会都在打井堂内进行。医明学院即曼巴扎仓。时轮学院即迪科扎仓，全称"时轮具种慧明院"，1817年建成，是学习、研究时轮历算的学府，有彩粉坛城及仪轨活动，寺僧除讲授术科、闭

塔尔寺的建筑涵盖了汉宫殿与藏族平顶建筑的风格

塔尔寺

初建时塔尔寺只有一座圣塔，
后经发展形成今天的样子

关修习外，还学习历法、天文等到表科外修，
有成就者授"孜然巴"（术算）博士学位。
密宗学院即居巴扎仓（华丹桑欧德钦林），
于 1646 年由西纳·勒巴嘉措创建成，是修习
三本尊无上瑜珈法的学府，重关闭修行、彩

塔尔寺首建显宗学院，
建立讲经开法制度

粉坛城等，达到一定的程度者可获得"俄然巴"（密宗）博士学位，这就是塔尔寺的四大扎仓，也就是僧学院，分别为参尼扎仓（显宗学院）、居巴扎仓（密宗学院）、曼巴扎仓（医明学院）、丁科尔扎仓（时轮学院）。

明万历四十年（1612年），在三、四世达赖喇嘛的倡导下，塔尔寺首建显宗学院，建立讲经开法制度，系统学习因明、般若、中观、俱舍、戒律等显宗经典，是专门学习显宗经典"五部大论"和研习因明辩经的场所。凡对五部大论学有成就者，通过答辩考试可获"噶久巴"或"多仁巴格西"学位。

塔尔寺建筑物高低起伏，错落有致

此后又相继建成密宗、时轮、医明学院，形成正规的学经制度，学习生圆次第方面的密宗经典和天文、历算、医学等方面的知识。学院现存有数以万计的有关佛学、藏族历史、文学、语言方面的文献图书，是研究藏学的珍贵资料。其中密宗学院是寺僧修持密宗教义教规的最高学府，内建有教务和行政两套班子。西纳·勒巴嘉措出任密宗学院第一任堪布后，招收合格的密乘修学僧32名，习密宗学。在这里修习的有两种学僧，一种是自幼入密宗学院的童僧（完德）。他们跟显宗学院的学僧一样，最开始是要选学一些短

塔尔寺内的学僧系统研
究密宗教义，修行证悟

篇经文进行背诵，同时念诵一些有关密宗
的短篇经文。之后逐渐转移到修习密宗本
尊胜乐、密集、大威德、时轮金刚等，护
法的密法、修供仪轨、建立坛城的有关知
识及许多经咒念诵、降神作法的本领。他
们修持到一定程度时可以到俗家念经禳灾，
降神测算。这类学僧并不参加密宗学位的
考试，主要培养目标是护法神殿的护法神
师和经咒念诵师，为民间的佛教活动做事。
另一种是由显宗学院升入密宗学院的学僧，
他们在显宗经论的基础上进一步系统学习

研究密宗教义，修习密宗仪轨，并进行修行证悟。在诵、修学识方面，进行闭关修行法，修成就护摩法，习绘坛城，用彩粉堆平面坛城，并修其法，唱赞技巧，结手印法，跳神舞蹈姿态法，演奏法乐谐调法等各种技艺的修习。

2. 密宗学院的修炼

密教源于印度，兴盛于西藏，是密宗修学僧学习密宗经典，讽诵佛经，修持本尊胜乐金刚、密集金刚、大威德金刚三体本尊无上瑜伽法的专门学府。密教分藏密、唐密和东密三种。藏密即西藏密宗，是在唐吐蕃时期由莲花生大师等人从印度传入西藏后，与西藏本土原始苯教修持法相结合而形成的独

塔尔寺庄严雄伟的殿堂建筑

先塔后寺的恢弘寺院

特的藏传佛教修持法。由于修持法——瑜伽，主要提倡密法，故称为藏密或"西密"，藏语称"桑欧"意为"秘密真言"。唐代传入我国汉地的密法称"唐密"，传入日本、朝鲜的称东密。密宗是佛教中通过身密（手结契印）、口密（口诵真言）、意密（心作观想）这三密同时相应便会达到不可思议佛境的密法，这种佛境就是"即身成佛"。密宗的经典较多，藏传佛教各教派在修习密宗方面有共同之处，但各具特色。

3. 塔尔寺的行政、宗教系统

塔尔寺有完整的行政、宗教组织系统。行政组织的最高权力机构是全体僧人经堂会议，由总法台主持，下设噶尔克会议和

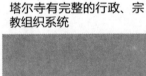

塔尔寺有完整的行政、宗教组织系统

塔尔寺

俯瞰塔尔寺

大吉哇。噶尔克会议是全体僧人经堂会议的常
委会，由法台、大襄佐、大僧官、大老爷和六
族干巴组成。大吉哇是噶尔克会议和全体僧人
经堂会议的执行机关，由3名吉索第巴（总管
全寺内务的大老爷、负责对外联系的二老爷、
负责财务的三老爷）和管理杂务的四老爷及藏
汉文秘书各1人组成。大吉哇下设管理全寺粮
食的"哲康"、负责印刷经典的"巴日康"，
并负责管理驻西宁办事机构金塔寺。宗教组织
的总负责人仍为总法台，下设总引经师和大僧
官各1人，管辖四大学院，各学院设有本院堪布，

俯瞰塔尔寺

堪布下设格贵（僧官）和经头。现由寺管
会总理全寺寺务。目前共有寺僧800余人
（其中活佛11人）。

塔尔寺

二、高原上的信仰——藏传佛教圣地

塔尔寺寺院规模宏大，殿堂最多时达 800 多间

（一）格鲁派（黄教）与塔尔寺

塔尔寺是我国藏传佛教格鲁派六大寺院之一，是藏传佛教格鲁派（黄教）寺院，全称衮本绛巴林，意为十万金身慈氏州，是格鲁派创始人宗喀巴的诞生地。塔尔寺是西北地区佛教活动的中心，寺院规模宏大，最盛时有殿堂八百多间，占地达一千亩，不但是格鲁派六大寺院之一，而且在全国及东南亚一带也享有盛名。

宗喀巴大师学成后一面著书立说，一面收徒传法。在讲经的过程中能够讲述多种经论，并且未出现丝毫的混乱和遗漏，听众无不敬佩，认为这是一位奇人，宗喀巴大师从此声名大振。萨迩派（俗称花教）衰落之时，由于佛教僧人直接掌握地方政权，养尊处优，生活奢华，使得许多僧徒醉心于追求权力，因而戒律松弛，僧俗不分。这样一来，藏传佛教在民众心目总的地位大大降低了。针对佛教出现这一状况，他立志改革，主张先显后密，显密兼修，极力提倡沙门戒律；主张出家人不饮酒、不杀生；主张禁欲，僧侣不娶妻、不敛财，极力提倡十大善事，顺应了僧俗两界的民心，由于他的这些主张切中当时西藏佛教界的积弊，因而得到藏族社会各界人士的广泛支持和衷心拥护，信徒日益增多，由此人们赞誉他为"嘉瓦尼巴"，

宗喀巴大师像

高原上的信仰 -- 藏传佛教圣地

虔诚的信徒每年都前来祭拜

即"第二佛陀",将他创立的这一佛学流派称为"格鲁巴",意为"善道派"。宗喀巴从 1388 年起改戴黄色桃形僧帽,于是他的信徒也仿其鼻祖头戴黄帽,后人将他创立的格鲁派又俗称为"黄帽派",所谓黄教一词也由此而来。

塔尔寺

塔尔寺便利的交通条件使得格鲁派兴起后，利用这一通道与中央王朝紧密联系，从明朝初期到明朝末年，藏传佛教格鲁派由创立到发展壮大。到16世纪后期，黄教势力已延伸到青藏高原以北的蒙古地区。清王朝对宗喀巴及其创立的格鲁派（黄教）上层加赐封和。此外，蒙古各部王公和僧人入藏熬茶、礼佛、学经等也在塔尔寺停留。内蒙地区著名活佛大都在塔尔寺有活佛府邸并被列为该寺的一员。

所以格鲁派创立以来，其影响逐渐增长。宗喀巴在一首隐语诗里宣布他是直接继承葛当派的祖师阿底峡。随着经济实力的增长，格鲁派为了解决自身长远发展的问题就采取了活佛

塔尔寺建筑檐廊下的转经筒

高原上的信仰 -- 藏传佛教圣地

塔尔寺檐廊壁画

转世制度。后来，格鲁派迅速发展，最后超越了藏传佛教的其他教派，广泛传播于藏族和蒙族地区，并且得到了清政府的支持。

（二）宗教信仰的神圣气息

1.塔尔寺的室内装饰

塔尔寺内收藏有大量镏金铜佛像、铜佛像、金银灯、金书藏经、木刻板藏经、法器、灵首塔、御赐匾额、壁画、堆绣等文物。其中壁画、堆绣、酥油花被誉为塔

塔尔寺古老的木门

尔寺三绝。壁画多以矿物颜料画在布幔上，内容主要为经变、时轮、佛等。堆绣是用各色绸缎、羊皮、棉花等在布幔上堆绣成佛、菩萨、天王、罗汉、尊者、花卉、鸟兽等图案。

　　塔尔寺里的每尊佛像都遍体装金，金光灿灿，而且都披有色彩绚丽的织物。汉传佛教中佛是出家比丘的形象，身上几乎没有装饰品，菩萨则璎珞华美。在藏传佛教中的佛除了庄严妙好的比丘形象外，还有菩萨装束的佛像，为藏传佛教的寺庙之中增添了华贵的气息。殿堂里处处靠点燃的酥油灯照明，空气中弥漫着浓重的酥油气味。站在这样静谧的屋宇内，即便不是藏传佛教的信徒，也能够感受到宗教信仰带给人的平静和庄严。殿宇室内目光所及之处，无论是墙壁上、柱子上，都缀满各色刺绣飘带、幢、幡等。它们的颜色可以看得出来有时间流过的痕迹，在这个古老的寺庙里不知道见证了多少故事和传说。

2. 塔尔寺的宗教习俗

由三皈五戒到三坛大戒，由简单念诵到各种仪轨，都是有严格规范的程序、仪制的。作为佛教重要流派的藏传佛教，在

塔尔寺建筑上的彩绘

塔尔寺

塔尔寺壁画彩绘随处可见

外，它在礼仪供养各规则方面，还有其特殊之处。寺院以寺主为尊，作为一寺之主的活佛，在衣、食、起居、迎送等方面，都有其严谨、规范的礼仪。

塔尔寺的每一处殿堂的配殿或者廊外，

都安置了大量的铜质或者木质转经筒，里面放着六字真言。又称"玛尼"经筒（梵文 Maṇi，中文意为如意宝珠），六字真言是藏传佛教名词，汉字音译为唵（an）、嘛（ma）、呢（ni）、叭（ba）、咪（mei）、吽（hong），是藏传佛教中最尊崇的一句咒语。藏传佛教认为，持诵六字真言越多，表示对佛菩萨越虔诚，可脱离轮回之苦。因此人们除口诵外，还制作"玛尼"经筒，把"六字大明咒"经卷装于经筒内，用手摇转。藏族人民把经文放在转经筒里，每转动一次就等于念诵经文一遍，反复转动表示念诵成百上千遍的"六字大明咒"。

殿堂内弥漫着浓
重的酥油气味

塔尔寺

塔尔寺广场上的
立柱式经幡

　　很多殿堂之外，有虔诚的信徒在施叩拜大礼，当地人称"磕长头"。这是在藏传佛教盛行的地区，信徒与教徒们一种虔诚的拜佛仪式。原地磕长头，就是于殿堂之内或外围，教徒们与信徒们身前铺一毯，原地不断磕长头，只是不行步，其它与行进中的磕长头一样，因不同心理意愿或还愿，或祈求保佑，赐福免灾，犹入无人之境。教徒们认为在修行中，一个人至少要磕一万次。叩头时赤脚，这样才表示虔诚。

　　由于塔尔寺是宗喀巴大师的降生地，因

此成为信徒们向往的圣地。历史上，第三、四、五、七、十三、十四世达赖喇嘛和六、九、十世班禅大师均在这里驻锡过。同时，它也受到历代中央王朝的高度重视。根据史料记载，从清康熙以来，朝廷向塔尔寺多次赐赠，有匾额、法器、佛像、经卷、佛塔等。该寺的阿嘉、赛赤、拉科、色多、香萨、西纳、却西等活佛，清时被封为呼图克图或诺们汗。其中，阿嘉、赛赤、拉科为驻京呼图克图，有的还当过北京雍和宫和山西五台山的掌印喇嘛。正是因为这些特殊原因，塔尔寺迅速发展，规模越来

塔尔寺的每一处殿堂内外都安置了转经筒

塔尔寺

越大，成为藏传佛教格鲁派蜚声国内外的六大寺院之一。由于历史积累，该寺文物极为丰富，富丽堂皇的建筑、琳琅满目的法器、千姿百态的佛像和浩瀚的文献藏书，使寺院成为一座艺术的宝库。特别是该寺的绘画、堆绣、酥油花，被称为"艺术三绝"，驰名中外。该寺设有显宗、密宗、时轮、医明四大学院和欠巴扎仓，研习佛学和藏族语言、文字、天文、历算、医药、舞蹈、雕塑、绘画、建筑等各方面的知识，并于清道光七年(1827年)，创建该寺印经院，所印藏文经典及各种著述，畅销藏区各地。

磕长头的信徒

高原上的信仰 -- 藏传佛教圣地

塔尔寺一景

3. 塔尔寺的宗教活动

塔尔寺于每年农历正月、四月、六月、九月共举行四次全寺性的大型法会，称之为"四大观经"。二月、十月举行两个小法会。每年农历正月十五，都要举行一年一度的酥油花灯会。届时，各地群众云集，规模盛大。除此以外，在农历十月下旬还有纪念宗喀巴圆寂的"燃灯五供节"和年终的送瘟神活动。庙会既是僧侣学经的好机会，又是他们娱乐的极佳时间。

跳神（即跳法王舞）是一种配乐舞蹈形式的佛事活动。清康熙五十七年（1718年），塔尔寺第二十任法台嘉堪布时期，七世达赖授意："须建立一个跳神院，由舞蹈师教习舞蹈音乐，并建立跳神制度。"康熙五十七年（1718年），建立塔尔寺的跳神院，翌年春节，七世达赖喇嘛照例宴请塔尔寺法台、经师则敦夏茸、青海和硕特蒙古察汗丹津亲王、郡王额尔德尼额尔克等蒙藏僧俗首领，在塔尔寺举行规模宏大的正

历史的积累使得塔尔寺成为艺术的宝库

每年塔尔寺都要举行大型法会

月祈愿法会,会上首次在跳神院表演法舞。从此,塔尔寺每年在四大观经时都举行跳法舞活动。同时赐予文武护法面具三十九副及舞衣和法器等。从此建立了四大法会时举行跳跳坎活动的跳神院(俗称社火院)。其意义是佛教徒修习正法时,为消除内、外、密三方面的邪见、逆缘,消灭危害佛教和佛教徒的邪魔外道,便通过跳护法神舞来释解。跳神内容,武的方面有男武士舞、女武士舞、男怒神舞、女怒神舞;文的方面有和静舞、教内舞、密咒舞、专一

跳神

性舞；忿怒方面有微怒神舞、甚怒神舞等，
共有 360 种舞蹈。届时，来自青海、甘肃、
四川、云南、内蒙等地的广大藏、蒙古、土、
汉族男女信徒云集会场向法王和马首金刚顶
礼膜拜，前来朝佛的群众难以计数。

晒大佛，在每年农历四、六月两次法会
时举行，意思是为纪念释迦牟尼诞生、成道、
涅槃和弥勒出世及宗喀巴诞生、涅槃，通过
晒佛让信徒们瞻仰佛像、沐浴佛恩，并防佛
像被虫蛀或者腐烂。塔尔寺有"狮子吼""释
迦牟尼""宗喀巴""金刚萨捶"四种巨大

的堆绣佛像，每次只晒其中的一种，在寺院山坡上展晒。晒佛仪式非常隆重，观众极多，蔚为壮观。

（三）塔尔寺的僧侣、信徒、游人

塔尔寺每年于农历正月、四月、六月、九月举行四次观经大会，招来不少香客游人。观经大会是寺僧向诸佛菩萨献供、祈愿、诵经的法事活动。会上，除进行固定的宗教仪式，还有晒佛、跳欠、转金佛等活动。四月观经的农历四月十五日上午和六月观经的六月初六日上午，在寺院东侧的莲花山坡展开所藏巨型堆绣佛像一幅，称为"晒

藏戏

塔尔寺

大佛"。佛像长三十余米，宽二十余米，众僧于像前演奏法乐，诵经祈祷，游客商贾蜂拥而来，更有信徒顶礼膜拜，争献布施。六月初八日上午举行的转金佛是僧人们所谓祈愿来世佛弥勒菩萨降临人间的法事活动，众僧簇拥一乘玲珑精巧、四角饰有飞檐、内供弥勒金像的彩轿，在手拿乐器、香炉、幢幡的仪仗队的前导下绕寺一周，其他僧人各持寺藏宝物一件，尾随彩轿，鱼贯而行，以示隆重威严。九月法会的二十二日，寺院开放所有佛殿及文物库房，供僧俗瞻仰，称为"晾宝"。每次观经会上，都进行所谓驱魔逐鬼、祓除不祥的跳欠活动。跳欠也叫"跳神"或"哑

晒佛节

高原上的信仰 -- 藏传佛教圣地

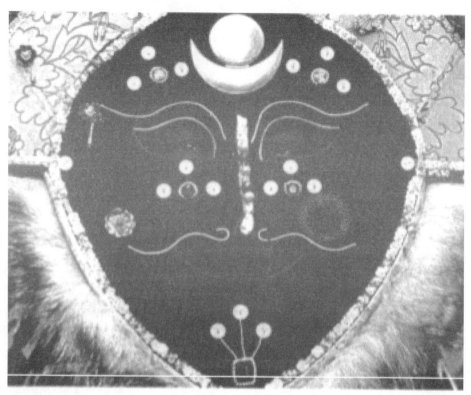

藏戏面具

社火"，是一种独特的带有浓厚宗教色彩
的画具舞蹈，常见的有于正月十四、四月
十四、六月初七日演出的"法王舞"和四
月十五、六月初八、九月二十三日演出"马
首金刚舞"两种。演员身着各色舞衣，戴
特制面具，舞姿独特，式样迥异。此外，
尚有农历十月二十五日宗喀巴忌辰前后的
"燃灯节"和年终辞旧迎新的祈祷会等。

　　青海塔尔寺自建寺至今的近五百年的
历史当中，虽然也曾经历过兵燹灾难，但
总是灯火常明，香火茂盛。而且寺院规模

青海塔尔寺建寺至今已有
500多年的历史

不断扩大，佛事活动常年进行，前来膜拜者络绎不绝。据统计，仅1979年正月神变法会期间，到塔尔寺拜佛的四方来客就达18万人次之多。很多殿堂之外，有虔诚的信徒在施叩拜大礼，当地人称"磕长头"。不仅有来自青藏高原广大农牧区的藏族群众，而且有来自内蒙、新疆、甘肃、青海各地的蒙古族群众，以及一些自治县的土族和裕固族民众，甚至也有不少附近的汉民和来自全国各省、区及世界各国的信佛人士。其中还有不少虔诚的信徒是从远方叩着长头而来，他

塔尔寺建筑上的雕饰

塔尔寺建筑房顶

写满经文的转经筒

们不辞千辛万苦，不畏种种险阻，从千里迢迢之外，一步一叩头地来到塔尔寺。

如果是遇有丧葬人，这样的信徒要到塔尔寺请喇嘛诵经超度，在金瓦殿或大经堂点千盏灯，名为千供，向寺院僧众布施大量财物，如此才能够满足自身的愿望。

塔尔寺

历史的积淀，深厚的宗教文化内涵，以及优越的地理位置，使得塔尔寺成为我国西部地区信佛群众的一个精神寄托所。这些虔诚的信徒们，不仅因为笃信塔尔寺是第二佛陀宗喀巴祖师的诞生圣地，以及具有林立的佛像佛塔和数不清的佛教艺术珍品而一心向往着前去膜拜，而且还将自己对轮回的信仰和对来世的美好愿望都寄托于高僧大德和诸多的佛像上。

1961 年 3 月 4 日，国务院公布该寺为全国重点文物保护单位，制碑书汉藏两种文字，并存于寺内。20 世纪 90 年代中期，经国家多次拨款修缮，使古寺焕发出新的光彩。现在的塔尔寺已成蜚声国内外的藏传佛教圣地和旅游的名胜古刹。众多游人慕名而来。

青藏高原风光

高原上的信仰 -- 藏传佛教圣地

三、佛教园林建筑群

（一）如来八塔

如来八塔是赞颂释迦牟尼一生八大功德的宝塔。呈一线形，这八个塔从东到西分别为：莲聚塔（纪念释迦牟尼降生时行走七步，步步开一朵莲花）；菩提塔（纪念释迦牟尼修行成正觉）；四谛塔（纪念释迦牟尼初转四谛法轮）；神变塔（纪念释迦牟尼降伏外道时的种种奇迹）；降凡塔（纪念释迦牟尼从天堂返回人间）；息诤塔（纪念释迦牟尼劝息诸比丘的争端）；胜利塔（纪念释迦牟尼战胜一切魔鬼）；涅槃塔（纪念释迦牟尼入涅槃，不生不灭）。其造型基本一样，塔身高6.4米，塔底周长9.4米，底座面积5.7平方米。塔身白灰抹面，底座青砖砌成，腰部装饰有经文，每个塔身南面还有一个佛龛，里面藏有梵文。

（二）大金瓦寺

大金瓦殿为塔尔寺的核心殿宇，是本寺僧侣礼佛、颂经的集合场所。大金瓦寺、小金瓦寺和大经堂遥遥相对，大小金瓦寺全用镀金铜瓦铺成，金色宝顶在最上层光彩夺目。因大殿中有纪念宗喀巴大师的大银塔，故又被称为宗喀巴

大金瓦寺

塔尔寺

如来八塔

纪念塔殿。还有一种说法是当年禅师仁钦宗哲坚赞在塔前修建的那座小寺庙就是大金瓦寺的前身。

塔尔寺始建于 1379 年，距今已有 600 多年的历史，占地面积 600 余亩，寺院建筑分布于莲花山的一沟两面坡上，殿宇高低错落，相互辉映，气势恢宏。位于寺中心的大金瓦殿是该寺的主建筑，大金瓦寺又称大金瓦殿，藏语称为"赛而顿"，就是"金瓦"的意思。始建于明嘉靖年间，面积456平方米。大金瓦寺两侧各有弥勒佛殿一座，右殿（上贤康）系明万历五年（1577年）建，左殿（下贤康）系万历二十二年所建。原为三十根柱子的小经堂，后改建为八十根柱子的中型经堂，最终在1776年扩建成一百六十八根柱子（其中六十根在四壁墙内）的两层平顶藏式建筑。殿脊的正中安置着藏传佛教的吉祥八宝之———宝瓶。大金瓦寺底层两壁，都是高达5米的藏经架，所有经卷都用锦缎

塔尔寺一景

塔尔寺

包裹，定时拿出来晾晒。寺内熊熊燃烧的火焰，光芒普照，永不熄灭。四角的飞甍各有一个藏族传说中的水怪牛曲森。四角各挂着一只风铃，门窗和殿前挂着许多带有梵文的布幔，用来保护建筑物，防止风吹日晒雨淋的破坏，同时作为一种装饰物，在青藏高原的蓝天白云下随风浮动，别有一番风味。

大金瓦寺中层楼上是塔尔寺的重要宗教活动场所之一，如"千灯之供"这样的法事活动都是在这里举行的，这是为超度死者的亡灵而设的。

清康熙五十年，君王额尔德尼济农又捐助了黄金一千三百两，白银一万两千两，雇用了一些汉族工匠将大殿扩建，并将第一层歇山顶

塔尔寺大金瓦寺一角

佛教园林建筑群

大金瓦寺金碧辉煌
的重檐歇山瓦顶

覆盖上镏金铜瓦。这样之后大殿有了一定的规模，并有了大金瓦寺的名称。

1912年大经堂突然失火焚毁，在塞多·次称嘉措活佛的资助下，用了大约两年半时间，依原样重建，使得我们现在得以有幸目睹大经堂的辉煌面貌。

大金瓦殿的建筑模式是：下为藏式"须弥座"，上为重檐歇山镏金瓦顶，回廊周匝。底层前出附阶，是一个信徒礼拜场所。檐口饰镏金云头挂板，正脊安装镏金宝瓶及火焰宝珠等。殿内有一座高达11米的大银塔。外壁墙面遍贴绿琉璃砖，用黄琉璃花装饰。殿两侧各建弥勒殿一座。经堂内矗立的108根柱子上部雕有优美图案，柱上围裹蟠龙图案的彩色毛毯。大金瓦寺正中有一个12.5米高的大宝塔。地设长条禅座，上铺五彩条毯，供喇嘛集体颂经时用。彩绘栋梁、斗拱、藻井和佛教故事壁画，寺内悬挂着帷幔、经布、幢、幡、伞盖、刺绣和堆绣等。

1746年，一些地位很高的人在大金瓦寺堂内安装了铜制镏金云头、滴水莲瓣等装饰物。大金瓦寺四壁神龛中供有宗喀巴的千尊铜制镏金佛像，两侧经架上存放有数以百计的经卷。正面设有达赖，班禅和法台的弘法宝座。屋顶安放各式各样高大的镏金铜经幢、刹式宝瓶、道钟、宝塔、法轮、金鹿等，把大经堂装潢得金碧辉煌、光彩夺目，与大

塔尔寺大金瓦寺一角

佛教园林建筑群

金瓦殿交相辉映。大经堂也是本寺的显宗经院，藏语称"参尼扎仓"，是研究显宗教义的学经部门。设有多仁巴（显教）博士学位，授予修习教义有深厚造诣的僧人。

大金瓦寺与小金瓦寺（护法神殿）、大经堂、弥勒殿、释迦殿、依诂殿、文殊菩萨殿、祈年殿（花寺）、大拉浪宫（吉祥宫）、四大经院（显宗经院、密宗经院、医明经院、十轮经院）和酥油花院、跳神舞院、活佛府邸、如来八塔、菩提塔、过门塔、时轮塔、僧舍等建筑形成了错落有致、布局严谨、风格独特、集汉藏技术于一体的佛教园林建筑群。殿内佛像造型生动优美，超然神圣。

大金瓦寺内珍藏有许多价值连城的文物

塔尔寺

塔尔寺大经堂

大金瓦寺里收藏着许多价值连城的珍贵文物，有很多明代以来的汉藏艺术珍宝。

（三）大经堂

大经堂始建于明万历四十年(1612年)，1912年遭火焚后重修。建筑面积为2750平方米，周长为210米，土木结构，为藏式双层平顶建筑，汉式楼阁遥相呼应，是塔尔寺建筑中规模最大的。经堂内长柱18根，短柱90根，是拥有168根大柱的大型经堂，皆用特制地毯包裹，地上铺设地毡坐垫，可供3000僧人集体诵经，是寺院喇嘛集中诵经的地方，堂内设有佛团垫，可供千余喇嘛集体打座诵经。

殿内大柱都由龙凤彩云的藏毯包裹，整个经堂五彩缤纷，富丽堂皇。在一千多平方米的屋面上，按照宗教法制和西藏传统艺术，装有铜制镏金的金鹿法轮，各式金幢、宝瓶、宝塔、宝伞和倒钟等，把一个单调的草泥平顶打扮得绚丽多彩。远眺平顶，金碧辉煌，给人以威严之感。

（四）九间殿

九间殿又称文殊菩萨殿，为汉式硬山顶建筑，面阔九间，进深三间，面积592平方米，属于联殿性质建筑。初建于明万历二十年(1592年)，由塔尔寺五部族一些人集资兴建，内供释迦牟尼、迦叶佛、弥勒大佛三世

塔尔寺联殿建筑

塔尔寺

佛像，并举行开光仪式。清雍正十二年(1734年)扩建，成为现在我们看到的样式。廊柱为藏式朱色八棱柱。整座大殿以三间为一单元，由北向南分别为狮子吼佛殿、文殊殿和宗喀巴殿。

塔尔寺酥油花门

北三间正中供奉的就是狮吼佛像，是大金瓦殿佛体树叶上的传奇图案。六米高的佛像穿着红黄相间的法衣。殿前的右侧则是一

佛教园林建筑群

小花寺又名长寿佛殿

块巨石，有着一大一小两个足印，传说是宗喀巴和尊师留下来的遗迹，旁边的坑迹为杖痕。于是，这块石头被信众抹上了层层的酥油，贴满了纸币硬币。如同对待佛祖一样顶礼膜拜，祈求幸福平安。

（五）花寺

花寺又称祈寿殿，建于清康熙五十六年(1717年)，是一座独立的小庭院，为两层重檐歇山顶建筑。殿内供奉释迦牟尼、十六罗汉和四大金刚等塑像。柱头梁枋都饰以飞禽、走兽、花卉、文纹，院墙饰琉璃砖雕。到了盛夏的时节，花多绽放，芳香四溢，于是人们又将祁寿殿称之为"花寺"。

宗喀巴去西藏六年后，其母香萨阿切盼儿
心切，每天背水时就在一块青色的磐石上翘首
盼望，在心里默默为儿子祈祷祝福。后来寺僧
将这块石头当做一种降福的圣物，供奉在祁寿
殿花寺的菩提树下，现在被叫做"护法磐石"。
信众在上面抹上了酥油，填满了纸币和硬币，
来表达自己的虔诚信仰和尊崇。

（六）小金瓦寺

小金瓦寺藏语称"旃康"，是塔尔寺的护法。
殿分上中下三层，底层和中层面阔七间，进深
五间。底层为三面封闭的殿堂，中层为明窗式，
在藏式双层平顶建筑上增建面阔三间的汉式歇

小金瓦寺

佛教园林建筑群

山顶单檐建筑，嘉庆七年(1802年)改为镏金铜瓦顶。殿内有佛像、镏金宝塔、经卷、白马标本等，寺内陈设着马、羚羊、虎豹、野牛、猿猴等标本以及刀剑弓箭和经文多种。院内两侧和前方有绘满各式壁画的壁画廊，为两层藏式建筑。

在宏伟壮观的建筑群中，小金瓦寺显得小巧玲珑。它同样是一所藏汉结合风格的建筑物，其中有汉式琉璃小亭，"蜈蚣墙"的装饰以及"边玛墙"上的褐色和黑色，又体现出藏式建筑的主要特征。小金瓦寺从整体上给人的是一种新颖、独特、明快的感觉，与气势磅礴的大金瓦寺相比，小金瓦寺更精

塔尔寺小金瓦寺

塔尔寺

致典雅，犹如小家碧玉。

塔尔寺中的大佛像

（七）大拉让

在塔尔寺建筑群中，最能体现出汉藏结合风格的要算大拉让吉祥新宫和众多的活佛府邸。大拉让吉祥新宫由上下五座院落及五华门、牌坊组成，为宗教仪式、行政办公、居住的综合性建筑。其布局因地制宜，在地形较复杂的情况下，合理组织了多重院落，其墙体建筑仍然沿袭了藏式风格，主殿"嘎玉玛"佛殿也是藏式的双层平顶建筑。而以五华门为代表的一组牌坊则融入了传统的宫殿式营造手法。

塔尔寺一角

　　大拉让（又称扎西康沙），汉语称"吉
祥宫"，建于 1650 年（清顺治七年）。是
一座四柱三进院落藏式建筑的府邸。大拉
让吉祥新宫建筑群体，空间构成非常丰富，
尤其是屋顶形式和装饰多姿多彩。1777 年
（清乾隆四十二年），乾隆皇帝派人为此
宫修建了宫墙、华门、牌坊等，并赐名"永

慧宫"。吉祥宫位于西山半腰高处，在宫前远眺，塔尔寺全景尽收眼底。

（八）弥勒佛殿

塔尔寺作为一个历史悠久的著名藏传佛教圣地，有很多供奉佛祖和菩萨的宫殿，如弥勒佛殿、释迦佛殿、文殊菩萨殿，由于这些佛殿建筑年代不一，因此建筑风格也各不相同。弥勒佛殿始建于火牛年（1577年）。由大禅师仁钦宗哲主持修建，为塔尔寺最早的正式佛殿，该殿是座两层歇山顶汉宫殿式建筑，高13米左右，平面呈正方形，面阔5间，进深5间，面积为196平方米。15根藏式八棱柱承飞檐，起斗拱，精雕细刻，着彩饰花，粉金绣文，形成回廊殿，间竖嘛呢经轮8对，

塔尔寺有着极其严谨、规范的礼仪

佛教园林建筑群

随信徒转动，吱吱作响。

　　弥勒佛殿是一座典型的明制建筑，其内部空间容纳 5 米高的佛像不采用减柱办法，而是将内槽四根金柱各向外移动 40 厘米的"退柱"，来达到扩大空间的目的。这也是塔尔寺建筑中的一大亮点。而释迦佛殿扩大空间的方法则是采用减柱办法，是以殿内无明柱，殿通高 13 米，形成上下两层。达赖遍知殿和祈祷殿虽然外部造型不同，但均建于清朝，因此都呈现出清代建筑风格。

　　殿门两侧的两块藏文石碑清晰地记载了九世班禅在 1935 — 1936 年驻锡塔尔寺的活动及清宣统元年班禅大师、章嘉国师、巴周

塔尔寺寺庙中供奉有
众多佛像

塔尔寺

塔尔寺内收藏有大量鎏金
铜佛像等宝贵文物

活佛捐银修葺佛堂等内容，是研究近代塔尔
寺的重要资料。殿门楣上原挂有"佛日重旭"
匾额，殿内正中为弥勒佛坐像。殿名由主供
弥勒而得。该像泥塑镀金，高近5米，具浓
厚的犍陀罗艺术遗风。弥勒佛盘膝而坐，体
态庄重自然，表情慈祥而庄重，充满神韵。
背光光圈宏大，镀金箔，光焰远射，表现了
佛法弘扬，并寓意五谷丰登、夜不闭户、路
不拾遗以及光明灿烂的太平盛景。佛像左侧
为塔尔寺创建者仁钦宗哲坚赞的灵骨塔，右

塔尔寺佛像

侧为塔尔寺第一任法台根本上师沃赛嘉措
的灵骨塔。右侧柱上端挂有三世达赖赠给
塔尔寺的文殊菩萨像、胄等物；柱下供有
一尊双手合十、食指微翘的金刚佛像，手
背上铸有"明嘉靖二十三年吉月"字样，
据说是建殿之初的文物。

塔尔寺

四、寺院文化艺术的繁荣——塔尔寺艺术三绝

（一）酥油花

酥油花内容多为佛教故事

酥油是从牛奶中提炼出来的黄油，居住在青藏高原的人们称之为酥油，以之为原料塑造而成的艺术形象就叫酥油花，实际上属于雕塑艺术，是用酥油混合各色颜料而制成的油塑艺术品，源于西藏。完成一套酥油花作品需要六道工序，即扎骨架、制胎、敷塑、描金束形、上盘、开光。由于其产生的特殊背景和原因，所以这种艺术一直在寺院中流传。如今，随着其被列为国家首批非物质文化遗产项目，吸引了越来越多关注的目光。

相传唐文成公主与吐蕃王松赞干布结亲时，曾从长安带去一尊佛像供奉在拉萨大昭寺内。按照佛教的规矩，佛像前的供物必须有鲜花、净水、果品、熏香、佛灯等六种，但是在严寒的冬季，却没有鲜花献佛。信徒们为了表示对佛祖的敬意，就用酥油制成花，供奉于佛像前。从此相沿袭成了藏族人民的习俗。以龛供为主要形式的小型酥油花制作上以造型精妙、色彩绚丽柔嫩、花色品种层出不穷、形式多样、充满吉祥喜庆的视效为特色。如"切马"盒中作为供品的"吉祥八宝"油塑浮雕花

卉组合的吉祥图案、立体"羊头彩塑"装饰供品，在寺庙与民间祭祀供品中必不可少，几乎家家必备。

酥油花表现的艺术形式多样，题材内容十分广泛，大多是属于佛教故事、历史故事、人物传记、花草树木、飞禽走兽、佛像和人物形象等。酥油塑出的佛祖天神，帝王将相等，做工精巧。随着时代的推移，又不断赋予一些新的时代气息。如"释迦牟尼本生故事"，既丰富了酥油花的传统风格，又生动地反映了现实生活，使以前的单塑手法逐步发展成为立塑和浮塑相结合、单塑和组塑相结合、花架和盆塑相衬

酥油花

塔尔寺

托的多种形式。1594年，酥油花传到了塔
尔寺，经该寺艺僧苦心钻研，使其在题材和
工艺上有了新的发展，成为塔尔寺独有的一
种高超的油塑艺术。塔尔寺建有专门陈列油
塑艺术的酥油花馆——"上花院"和"下花
院"。每院有艺僧20人左右，这些艺僧一
般从十五六岁入寺，一生从艺。每年11月

酥油花表现形式多样，题材
广泛

寺院文化艺术的繁荣 -- 塔尔寺艺术三绝

酥油花制作工艺十分复杂

制作精美的酥油花作品

塔尔寺

精美的酥油花作品

左右，塔尔寺上院和下院的僧人便各自开始酥油花的塑造。由于酥油花的熔点是 -14℃ ，为了保持这样的低温，僧人们都是在四面通风的地方工作。双手的温度一旦升高，就要立即将手浸泡在冰水里，待手温降低之后，再继续工作。于是，很多艺僧的手因此而变形残废。

　　每年农历正月十五灯节时，塔尔寺都有举办酥油花展的习俗，上院和下院将做好的酥油花展出，胜出的酥油花被安置在封闭的背阴处，有利于保存，亚军则放置在阳处。艺僧将精心制作的酥油花在寺内展出，在寺内广场搭起几

寺院文化艺术的繁荣 -- 塔尔寺艺术三绝

座或多座彩棚，四周以数丈长的松木杠为架，垂挂起花团锦簇的经幢围成大幕，棚内灯火通明。入夜，在一些梵乐声中，花展开始，成为一年一度的寺内盛会。在酥油灯与电灯的交相辉映的炫耀下，酥油花便展现在观众面前，显得格外醒目，数以万计来自四面八方的各族群众和中外游人，面对美妙绚烂的酥油花，赞不绝口、流连忘返，成为西宁地区的一大盛景。

酥油花集浮雕、镂雕、绘画于一体，艺术水平极高

酥油花集浮雕、镂雕、立体雕和绘画于一体，在艺术上达到了很高的水平，有极高的艺术价值。并且，酥油花还具有很高的历史学价值，自酥油花诞生至今的四五百年历史中，每年展会除塑造佛像之外，还忠实地记载了许多重大的历史事件，都成为了很有价值的史料。

（二）壁画

到塔尔寺观光的人们，都会惊奇地发现寺院里壁画不仅遍布于宫殿高大的墙壁上，即便是喇嘛们矮小的禅房卧室里，以及门、柱和天花板上，都绘有各种各样互不雷同的壁画。壁画是各殿宇墙壁上的绘画，大多绘于布幔上，也有直接绘于墙壁和栋梁上的。塔尔寺壁画色彩鲜艳醒目，这与它所用的颜料有直接关系。壁画颜料采用石质矿物，它采用的颜料是石质矿物，还配有金粉等珍贵物品，色彩鲜艳，能够长时间保存。壁画是喇嘛教宗教画系，与汉画有些不同，具有浓郁的印藏风味。壁画内容大多取材于佛经黄教诸密乘经典。画面情节属黄教内容，人物主次多属密乘教义。整幅画面构思巧妙，布置适然，色调和谐，精巧细腻，层次分明，千姿百态，栩栩如生。

塔尔寺壁画从制作和表现方式来看，大体可分为三种：一种是布幔画，先在白布上画好画面，然后根据所放置的墙面大

塔尔寺壁画属喇嘛教画派

塔尔寺

小嵌以木框，钉于墙壁之上；一种是壁面画，就是在经过处理的洁白墙面上直接绘以各种题材的壁画。上面两种多是宗教画，间或有点风俗画。再一种是在墙面上嵌上木板，进行干燥刨光处理，用胶和石膏合成白浆打底子，在上面再绘各式图画。寺上经殿檐下柱头、梁枋、斗拱、飞檐出椽上的绘画属后一种。

凡壁画工笔重彩，描绘精致，极富有装饰效果的"热贡艺术"风格和浓厚的印藏风格。塔尔寺壁画的色彩丰富、明亮、对比强烈而又调和，冷、暖色交替使用，层次分明。以冷、暖色来表现人物的性格是壁画的特点之一，安详和善者用暖色调、性格凶猛者用冷色调，这样可使画面动静相宜，生动而又平稳。塔尔寺

塔尔寺壁画色彩丰富明亮，具有很强的装饰性

寺院文化艺术的繁荣 -- 塔尔寺艺术三绝

塔尔寺壁画色调和谐，工艺
精湛，画面构想巧妙

始建于明万历年间，至今有四百多年的历
史了。这些精美的壁画，便是当时传下来
的作品，之后每隔一定的时间便加以刷新
添色，现在人们看到的壁画，犹如刚刚画
的一样，清晰醒目、色彩鲜艳。塔尔寺院
内大多数壁画是宗教画，描写的多是佛教
经典故事和寓言故事。从人物表情里，也
可以看出其善恶、凶暴、欢乐、忧愁、愤怒、
怜惜的性格特征。再加上那些山水、花草、
禽兽等多种形色的壁画和雕刻，便烘托出
一幅奇妙的"仙境"。例如大经堂正面和
南侧墙上，便是巨大连幅的佛教神话和寓

言故事，一幅描写那面凶心善的武神用法宝(像琵琶之类的东西)、枪剑与恶魔搏斗，无情地惩罚着"恶人"。那些"恶人"在画家笔下，一个个是五官歪斜、面目狰狞、贪婪残暴，一看便使人厌恶、憎恨。另一幅是描述一个"凡人"徘徊于三叉路口：一条路是贪财好色，图一时富贵荣华的享受下了"地狱"，被魔鬼生吞活剥，割头抽肠的绝路；另一条是虔诚修行，脱胎成佛，获得"正果"的道路。其中两者必选一，那"凡人"毅然走了后一条道路。这幅壁画故事的寓意，无疑是教人要弃恶从善，弘扬佛法。

寺里讲经院里的壁画更扬名远近，尤为奇特。那十三幅布幔画鲜艳夺目，清新美观。正

多数壁画都是反映当时的社会情景

寺院文化艺术的繁荣 -- 塔尔寺艺术三绝

中墙上的九幅画，中间两幅是身着大红镶金裂装，头戴黄帽端坐"宝位"的"宝贝佛"（民间对黄教创始人宗喀巴的尊称），面望大金瓦寺，目光炯炯有神，显得十分威严。那左右八幅，俗称"欢喜佛"。画面上的人有的三头六臂，有的多头多臂。外围还有许多身披袈裟虔诚诵经的佛像，个个稳坐莲花。

这些壁画构思巧妙，色调和谐，层次分明，千姿百态，栩栩如生。有的笔锋细得像针尖，在手指般大的布上，就绘着一个完整的佛像，服装虽然繁杂，但却十分鲜明。即便是雕刻在深绿色琉璃砖墙上的

人们能从壁画上了解当时的历史

塔尔寺

人物萨满舞蹈壁画

一束束花草，那红、黄、蓝、绿色，多像寺院附近野生的马蓝草、馒头花那样富有生机。

寺庙的建筑内一般不如现在建筑那样灯火通明，华丽耀眼。需怀着一颗宁静的心走入塔尔寺，走入这个佛教圣地。室内的壁画随着时间的流逝，有些陈旧了。但是我们依然赞叹，依然被这样技艺高深的艺术品打动，不论是作为信徒还是游客。

（三）堆绣

堆绣是唐卡的一种，其实就是用布做的画，是我国古代流传的一种传统民间工艺，又叫剪贴、补花。据《中国美术史》记载，堆绣最初

壁画人物形态、表情各异，
刻画得十分细腻

是由刺绣艺术发展而来的，它起源于唐朝，前身是丝绫堆绣，到了清朝有了进一步的发展。据说乾隆的母亲就曾亲自带领宫女们用这种工艺做出了很多花鸟、人物作品。堆绣制作精细，图案别致，形象生动，繁复奇绝，是塔尔寺独特的传统艺术，是僧侣艺术之佳作。其工序有图案设计、剪裁、堆贴、绣制、个别图案部分上色等。堆绣大都以佛经故事为题材，以人物为主。它用各色的绸缎剪成所需要的各种形状，如佛像、人物花卉、鸟兽等，以羊毛或棉花之类充实其中，再绣在布幔上，由于中间突起，有明显的立体感。本寺大经堂内悬挂有"十八罗汉"等堆绣艺术珍品。

　　堆绣是藏族地区特有的一种艺术，但是，细心的人们发现，它和江南苏杭的刺绣有着许多相似之处。虽然找不到具体的文字根据，但是从艺术的类型、特点上来说，堆绣肯定有苏杭刺绣的特征。虽然现在没有确凿的证据来证实，但是我们可以肯定这里有着藏汉文化交融的辉煌成果。

这种工艺传入藏区后，被用于唐卡的制作，发展成一种新的唐卡门类。尤其在青海、甘肃、西藏、四川等地区有深远的影响。堆绣历史源远流长，独具地方特色，是藏族和土族绘画艺的主要形式之一，在青海、甘肃、西藏、四川等藏族地区有一定影响。堆绣包括刺绣和剪堆两种，其内容题材大多来源于佛教故事和宗教生活等。堆绣是刺绣与浮雕的巧妙结合。可以说，从"平面刺绣"到"立体刺绣"，这是刺绣艺术的发展与创新。当艺人把这些人物刺绣"堆"成一幅幅巨型挂卷时，往往需要耗费数

塔尔寺堆绣

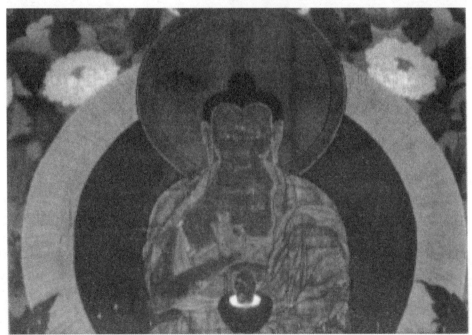

塔尔寺

塔尔寺堆绣

年时间，真是慢工出细活，日久见匠心，为刺绣艺术的上品。

　　塔尔寺堆绣最初称为"堆棱"，藏语名为"格直卜"，是将刺绣浮雕完美结合一体的工艺美术品，与一般刺绣不同之处，则是用"堆"的特殊技法进行刺绣。制作时，人们根据作品的需要，先选好各种有颜色的或带花纹图案的绸缎，剪成人物、鸟兽、山水、花草、虫鱼的形状，在底部填上薄厚不一的羊毛或棉花，然后用彩色丝线刺绣在准备好

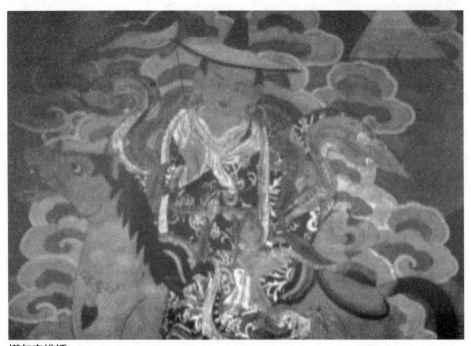

塔尔寺堆绣

的一幅幅布幔上，图案是由一块块、一件件拼合成的，正由于中间垫物而形成高低起伏，使其绣出的物体，人物造型活灵活现，景物层次清晰、立体，将它悬挂在墙壁上，宛如一幅幅丝质的彩色浮雕、鲜艳醒目，即使置放在较暗的光线下，也有较好的视觉效果。在西北民间刺绣中，也有"堆"的这一技法。这只是把剪的彩色绸缎块，按要绣的物体，平贴拼合在刺绣的布料上，如枕头顶、鞋帮、围肚等，底部不垫羊毛或棉花，刺绣出来的东西也同样有一定的立体感。

但它远不及塔尔寺堆绣作品之大，内容之多，手法之高，而在风格上也迥然不同，当地人俗称"压（绣）布佗蛇"。

在1991年的时候，北京民族文化宫展览酥油花，同时也展出了几件堆绣作品。中外游人看后都赞不绝口，说这是他们"从未看到过的精艺品"。塔尔寺内有一个类似"艺术学院"的机构，俗称"画院"，藏族、蒙族和土族艺术人才汇集的地方，他们从事绘画、雕刻、雕塑工作，组织安排节日文化娱乐活动。该画院重视民族艺人的培养。许多喇嘛七八岁入寺后，便在这里长期学艺，刻苦学习几十年，成了有名气的专家，有的还兼长多种技艺，血日尼玛、西尼玛、罗藏丹主三位艺人，在寺上享有很高的声誉。

塔尔寺用堆绣装饰殿堂

寺院文化艺术的繁荣 -- 塔尔寺艺术三绝

五 文成公主进藏与塔尔寺的发展

文成公主入藏图

（一）文成公主的历史贡献

文成公主是吐蕃赞普松赞干布之妻，是唐太宗的室女。634年的时候，松赞干布遣使入唐求联姻。640年吐蕃遣大相禄东赞至长安献黄金为聘礼，唐以文成公主许婚。641年，唐遣宗室江夏王李道宗持节送公主入蕃，松赞干布为公主筑城邑、立屋宇，当做她的住所。文成公主自己是信仰佛教的，她在逻些（今西藏拉萨）修建小昭寺，协助泥婆罗（今尼泊尔）尺尊公主（亦松赞干布之妻）修建大昭寺。至今，大昭寺、小昭寺依然是藏传佛教信徒膜拜的圣地，也成为拉萨的标志之一。文成公主从长安带到吐蕃的释迦牟尼像至今仍保存在大昭寺。松赞干布因娶公主，仰慕中华文明，有意汲取其中的文化精华，于是派吐蕃贵族子弟至长安国学学习诗书，在唐境聘请文士为他掌管表疏，又向唐请求给予蚕种及制造酒、纸墨的工匠。文成公主在喇嘛教中被认作绿度母的化身（度母，藏语中作卓玛，藏族佛教传说中的观音化身），

文成公主庙文成公主像

文成公主进藏与塔尔寺的发展

文成公主庙文成公主像

文成公主庙

塔尔寺

受到极大崇敬。

唐代著名画家阎立本所绘的《步辇图》描绘了唐太宗会见松赞干布派来迎娶文成公主的使者时的情景。文成公主进藏的故事在很多文学艺术作品中出现，它被看做是和亲外交中最为成功的典范。

唐朝是中国历史上和亲最多的朝代，曾先后远嫁过19位公主。在和亲的公主当中，最著名的当属嫁给了吐蕃赞普的文成公主。

吐蕃人是今天藏族人的祖先，他们世

《步辇图》描绘了唐太宗会见松赞干布派来迎 娶文成公主使者时的情景

文成公主像

代生活在青藏高原上，过着以游牧为主的生活。7世纪，弃宗弄赞继承王位，做了吐蕃的赞普，也就是吐蕃的首领，人们称他为松赞干布。松赞干布是一位骁勇善战的领袖，他率领军队统一了青藏高原上的许多部落，最终建立了以逻些城为中心的强盛王国。贞观十二年，松赞干布率吐蕃大军进攻大唐边城松州（今四川境内）。而此时的唐朝正值太平盛世，国富民强，文化艺术也都达到了一个巅峰。凭借着强大的国力，很快

塔尔寺

大败吐蕃军于松州城。松赞干布俯首称
臣，并向大唐提出了和亲的请求。为了
保证大唐西南边陲的稳定，使得这种太
平盛世延续下去，唐太宗很快便答应将
文成公主许配给松赞干布。

在文成公主进藏之前，由于青藏高
原地理因素的阻隔和其他原因，中原与

松赞干布像

松赞干布出生地

吐蕃间很少有往来，更没有像丝绸之路那样成熟的路线。唐蕃联姻后，经过两个多月的准备，641年隆冬，24岁的文成公主启程前往吐蕃。送亲队伍从长安出发，一路西行。送亲队伍选在寒冬出发，因为此行由长安到西藏有一个多月的路程，沿途要经过几条湍急的大河，隆冬季节河水平缓，便于送亲的队伍通

塔尔寺

松赞干布和文成公主像

过。这支隆重的送亲队，除了携带着丰盛的嫁妆外，还带有大量的书籍、乐器、绢帛和粮食种子；成员中包括了大批文士、乐师和农技人员，就像是一个"文化访问团"，将大量中原文化的精髓传播到西藏。也正是因为有了这些人，才使中原的文化在吐蕃融合发展起来。

文成公主进藏所走的道路，便是后来人们所说的青海古道，它经陇南、青海到达了黄河的发源地。松赞干布亲自率队到柏海迎亲，然后同公主一道返回逻些城。为了将这次和亲永载史册，留示后人，松赞干布还特别为文成公主修建了一座华丽的宫殿，它也就是今天西藏的标致之一——布达拉宫。成为西藏的地理坐标。

文成公主为吐蕃日后的发展作出了举足轻重的贡献，不过在史料中，她的身份被记为"宗室女"，也就是说她不是唐太宗的亲生女儿，除此之外关于她的出身便没有更多的记载。历史上文成公主成了最后一位隐匿了身份出嫁的公

海西唐蕃古道

塔尔寺

松赞干布为文成公主修建了一座华
丽的宫殿，它就是布达拉宫

唐蕃古道遗址建筑

文成公主进藏与塔尔寺的发展

关于文成公主进藏，有许多美丽
的传说

主。在她之后，和亲公主的真实身份便
不再隐瞒。唐朝以后，和亲之事仍在继
续，金城公主出嫁时在大昭帝立了唐波
会盟碑，不过他们的历史贡献已远非文
成公主这样显著了。

（二）文成公主远嫁西藏的传说

唐朝文成公主嫁给藏王松赞干布的
故事，流传了一千多年。汉藏联姻促进
了民族团结和文化交流，特别是对藏族
经济、文化等方面的发展，起到了积极

塔尔寺

的作用，并产生了深远的影响。当时汉族的纺织、建筑、造纸、酿酒、制陶、冶金、农具制造等先进生产技术，以及历法、医药等都陆续传入了藏族地区。同时，汉族也吸收了不少藏族的文化。藏族文化的特色也逐渐被中原地区的民众了解。

藏族民间至今还流传着许多文成公主进藏的故事。其中一个传说故事说的是松赞干布向文成公主求婚的过程。

藏王松赞干布派了一位叫禄东赞的使者前去长安求婚。当时前往长安求婚

文成公主进藏走的是唐蕃古道

文成公主进藏与塔尔寺的发展

111

文成公主庙

的使者共有七人。起初，唐朝皇帝认为西藏太远，不愿将公主远嫁。于是同大臣们商量，出了几个难题来考这七位使者，企图让藏王的使者知难而退，以便谢绝这门婚事。

第一个难题是将五百匹小马放在中间，五百匹母马拴在四周。让这七位使者分辨出每匹小马的亲生之母。其他六位使者无法辨认，他们把小马牵近母马，不是踢就是跑，小马怎么也不敢近母马的身。禄东赞是个很有智慧的人，懂得马性，他让人给母马喂上等草料，让它们吃饱。饱食的母马叫起来，

文成公主庙景区

招呼自己的小马去吃奶。于是五百匹小马纷纷来到自己的母亲身边，他毫不费劲地解答了这个难题，过了这一关。

第二个难题是要用一根线穿过一块中间有弯曲孔道的玉石。那六位使者花费了很长时间，使尽浑身解数都未能穿成。最后轮到禄东赞，他的办法很有创意，他捉来一只小蚂蚁，先把细线粘在蚂蚁的脚上，然后在玉石的另一个孔眼处抹一些蜂蜜，蚂蚁闻到蜜香，就沿着弯曲的孔道往里钻，于是，这个难题又被解

文成公主进藏带去了五
谷种子、锄犁和工匠

决了。

第三个难题是将两头刨得粗细一般
的一根大木头，让七位使者分清哪头是
树梢、哪头是树根，同时说出其中道理。
那六位使者仔细观察这块木头，无论是
量还是看，怎么也分不出来。藏王使者
禄东赞叫人把木头放在河里，木头一浮
起，前头轻，后头重，轻者为梢，重者
为根，一清二楚。这三个难题就这样很
快被禄东赞解决了。

禄东赞的聪明才智使皇帝很惊讶，

塔尔寺

青海日月山

文成公主进藏与塔尔寺的发展

青藏高原上的牦牛

日月山脚下文成公主像

塔尔寺

倒淌河

并且非常赞赏他。于是最后又出了一道
难题：要他们在三百个穿着打扮一模一
样的姑娘中认出谁是公主。这七位使者
都从未见过公主，要认出来谈何容易！
那六位使者挑的都是最漂亮的人，结果
都认错了，非常遗憾。禄东赞从一个老
妇那里得知公主从小爱擦一种香水，经
常会吸引一种蝴蝶在头顶上飞。禄东赞
根据老妇这一指点，用这种小蝴蝶，从
三百个姑娘中认出了公主。

　　经过这一番考验，皇帝只得同意将

有人说倒淌河是文成公主的眼泪
汇聚而成的

倒淌河

塔尔寺

公主许配给藏王，让公主嫁到遥远的西藏去。禄东赞见了公主说："你去西藏的时候，别的东西都不必带，只要带些五谷种子、锄犁和工匠就行，这样就可以帮助我们西藏种植更多更好的庄稼。"于是文成公主进藏时，皇帝送给她的是500驮五谷种子、1000驮锄犁，还有数百名最好的工匠。

相传当年文成公主辞别父母，离

文成公主庙

开长安以后，跋山涉水，历尽艰辛来到荒凉的青藏高原上，由于离亲人和家乡越来越远了，不由得思念起远在长安的父母来。她想起临别时母亲送给她一面宝镜时说的话："若怀念亲人时，可从宝镜里看到母亲"。于是急忙取出"日月宝镜"，双手捧着照起来，可是这一看让文成公主更加不高兴了。原来文成公主并没有如愿从日月宝镜里看到自己

文成公主进藏与塔尔寺的发展

关于文成公主进藏，有
许多美丽的传说

的母亲，而是自己满脸憔悴的愁容。文
成公主非常生气，一怒之下把宝镜摔倒
了地上。奇特的事情发生了，日月宝镜
落地就化为高矮的两座山，后人称之为
日月山。日月山恰好挡住了一条河流的
去路，河水只能掉头流去。这条河就叫
做倒淌河，也有人说这是文成公主的眼
泪汇聚而成的。日月山和倒淌河现在也
成为了青海省的著名旅游景点。

塔尔寺